15'00

AF174472

LA SEDUCCIÓN DE VENUS

Laura Redondo
Marisol Santiago

La seducción
de Venus

Prólogo de
Emecé Condado

Ondina Ediciones
COLECCIÓN VERDEMAR

Ilustración de cubierta: "El nacimiento de Venus",
por Sandro Botticelli (c. 1482-1485)

Diseño y maquetación: Jesús S. Giner

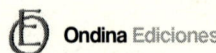

© de la obra: Laura Redondo & Marisol Santiago
© del prólogo: Emecé Condado
© de la edición: Enter Servicios Informáticos
(Soc. Coop. Mad.)

ISBN: 978-84-129567-5-7
Depósito legal: M-8210-2025

Impreso en España
Primera edición: abril de 2025

Dedicado a:

Emma Junco y Begoña Romero, porque su amistad
me acompaña desde hace ya casi tres décadas

Laura Redondo, querida amiga y compañera de letras,
por compartir este proyecto conmigo

Emecé Condado, por creer en nuestra poesía
y acceder a ser nuestra prologuista

Luis Solís, que apoyó y alentó este libro

Dedicado a:

Mi familia, porque siempre han sido, de un modo u otro,
parte del camino... a pesar de las distancias

Mi mentor de vida y maestro de letras
Gracias por enseñarme la palabra y guiarme mediante la experiencia

Marisol Santiago, que me tendió su mano para
ayudarme a cruzar hasta el otro lado,
donde me esperaba una bonita amistad y un largo
recorrido juntas que comienza a dar sus frutos

Emecé Condado, por leemos con ilusión y lograr plasmar
sus impresiones en un prólogo inmejorable

Luis Solís, por haber propiciado el inicio de un
bonito y gratificante proyecto

"El erotismo es una de las bases del conocimiento de uno mismo, tan indispensable como la poesía"

Anaïs Nin

"Que nada nos defina. Que nada nos sujete. Que sea la libertad nuestra propia sustancia"

Simone de Beauvoir

Prólogo

Para Gioconda Belli la poesía es una vibración del alma y yo me atrevo a afirmar que con los versos contenidos en este poemario no solo os va a vibrar el alma, sino que sentiréis sacudidas en toda la piel. Sacudidas de intensidad variable, de distintos colores y diferentes texturas, que recorrerán cada centímetro de vuestro cuerpo. No tengo duda alguna de que la excitación sexual también hará acto de presencia, porque es tal la sutileza que envuelve la carga erótica de estos versos que, sin apenas daros cuenta, acabaréis cediendo al influjo de Eros.

Sorprende comprobar cómo cada poema se solapa al siguiente o complementa al anterior, contándonos una historia cargada de intensas sensaciones con una exquisitez asombrosa. Una apuesta atrevida de dos mujeres valientes. Dos estilos distintos que al combinarse dan lugar a un tercero que guarda la esencia de ambas, pero que así dispuesto se convierte en un todo indisoluble.

Se escuchan y entienden.

Se inspiran y crean.

Evolucionan y crecen.

Arriesgan y ganan.

Por desgracia a las mujeres aún se nos pone en tela de juicio cuando escribimos sobre sexo. Algunas mentes limitadas siguen sin entender que el sexo lo abarca todo y que va mucho más allá de los genitales; que el sexo es piel, es contacto, es calor y es escalofrío; que la sensualidad habita en cada pequeño detalle de nuestra existencia. Lo que estas mentes limitadas no comprenden es que el placer es directamente proporcional a nuestra sensibilidad, porque solo los seres sensibles somos capaces de percibir lo que otros jamás podrán ni tan siquiera intuir. Laura y Marisol nos proponen un excitante viaje desde la sexualidad más explícita a la más espiritual y partiendo de tierra firme nos subirán allá donde las nubes se refugian del viento y así podremos paladear, desde la calma, la tempestad del deseo.

¡Abrochaos los cinturones y preparaos para despegar! Estas dos poetas me han hecho volar, sentir, imaginar, llorar y fluir... Dejaos atrapar por su talento y os aseguro que, cuando lleguéis al final de esta maravillosa aventura, tan sensorial como extrasensorial, soñaréis que os reflejáis en los ojos felinos de la mujer esmeralda y desearéis caminar sobre las nubes siguiendo el paso firme de la heredera de Cleopatra, un paso que desafía la cobardía de los necios.

Emecé Condado
Escritora y promotora de lectura

LA SEDUCCIÓN
DE VENUS

PREGUNTA RETÓRICA

¿Qué es el deseo?, me preguntas mi mirada rehuyendo.

De mil formas diferentes podría haberte respondido, pues hay tanta curiosidad y timidez en tu pregunta, y tanto anhelo en esta vida latente y doliente, tanta hambre de experiencias y placeres...

Sin embargo, por toda respuesta solo puedo levantar tu rostro hasta la altura de mis ojos. De ahí, tu mirada, sometida por la fuerza de atracción que mis labios ejercen, se desliza por mi cuerpo como si todo tu afán consistiera en cubrirme de besos sin, a ello, atreverte. No hay una sola zona de mi cuerpo de la que no beban tus pupilas. Tus firmes manos, tu pecho labrado, tu vientre ahora cubierto de telas, que regresa a mi memoria libre de sedas y vestido de mis carnes.

¿Qué es el deseo? El deseo es este mismo instante.

El deseo eres tú.

PRIMER BESO

Jugueteas con tu tacón en la banqueta.
Miradas furtivas a mi escote.
Tus dedos encuentran una excusa
para borrar de mi mejilla tu pintalabios.
Limpias con suavidad.
Escapa un gemido.
Me pellizcas la barbilla.
Finges colocarme el cuello de la blusa.
Te recreas en el contacto de nuestra piel.
Caricias que penetran el alma y humedecen los sentidos.
Bendito infierno
el de esa boca fundiéndose en mis labios.

LÚDICAS VIRTUDES

Ardí para ti con mi piel de otoño
a la luz de un crepúsculo tardío;
plácida silueta en tu pecho airado,
complaciente amazona llena de vida.

Abrasé tu cuerpo bajo mi manto,
cubierta por completo tu blancura,
henchido tu orgullo, colmado
mi vientre de tu salvia amarga.

Miré tus oscuros ojos, repletos
de mis múltiples bondades;
reflejo de mis lúdicas virtudes,
espejos de mis perversiones.

Y supe, en ese preciso instante
sobre ti, derramada mi vida,
que mi hálito vertido a tu boca,
que mi luz, que mis sombras,
eran ahora en tu ser divino
mi esencia propia.

DAVINIA

Las pestañas de Davinia,
curvatura perfecta.
El leve sonido del lápiz dibujando
un lunar sobre su ceja.
Delicada voz acariciando palabras,
narrándome sueños.

Marca la punta del perfilador
el trazo de los labios,
entreabre la boca,
aprieta y lanza besos perdidos al aire.

Davinia, luna de fuego,
caracolas rojizas
serpentean desde el moño deshecho
hasta su cintura semidesnuda.

A su espalda, el espejo me refleja.
Cesa su ritual, sube la barbilla y ríe, triunfante:
—Acércate, bobo. No te quedes ahí mirando.

INSTINTO

Al hambre, la boca tuya
que encuentra mis labios jugosos
y la miel que los cubre, dulce,
a tu lengua entre aguas tibias.

Al deseo, tus tiernas manos
de diez pálidos dedos,
de largos filos rosados,
de inquietas búsquedas gloriosas.

A mi piel, tu carne prieta,
tus perversas humedades
que en estrechos recovecos nadan,
rugen y rebosan.

Y mi sed, ¿qué la calma
si no es el delicioso néctar
de tu fruta prohibida,
seno de mi grata dicha?

NÉCTAR

Estremeces,
azabache mirada.
Aletea mi lengua,
se posa entre tus muslos.
Gime el néctar,
saboreo los latidos.
Brota el éxtasis,
apuro el licor del placer.

DANZA LÍQUIDA

Vuestra piel guarda mis secretos;
vuestro cuerpo, mis pecados;
en vuestra boca anidan mis deseos,
ósculos de pasión desbordados.

Nievas en mi vientre avivado,
nievas en mi rostro arrobado,
sobre mis desnudos senos,
entre mis sedientos labios.

Líquidas danzas espesas,
cuajos de amor desbordado.

AMANTE DESCONOCIDO

Aviva el fuego tu boca,
se estremece mi pelvis,
la respiración agitada.
Abórdame, ímpetu bestial.
Ámame, ternura de fiel amante.
Imprégname de ti.
Gritaré tu nombre, aunque lo olvide.

FANTASÍA

Querías hacer el amor.
Yo te propuse copular,
simple goce sin sentimiento.

Tú, queriendo besarme,
y yo, deseando que hundieras
entre mis piernas tu cabeza.
Querías dulzura, decías,
el almíbar en mis labios,
pero secretaba el amargo
néctar del desprecio.

Quizá fuese en el culmen,
en ese preciso momento,
en gloriosa cima sobre las nubes,
que mis párpados cerrados
ocultaron tu imagen y pude,
arrastrando tu sombra lejos,
sustraer de mi memoria
la presencia del deseo...

Solo entonces pude amarte,
siendo otro tú, en otra parte.

SOLEDAD ACOMPAÑADA

Temo que ya nadie desee sostener mi mano,
que me reduzcan a un deseo pasajero,
representar otra muesca en su revólver,
esa boca cualquiera que les besa,
un gemido, un suspiro,
ser hoy, mañana olvido.

Me aterra la soledad acompañada,
ir al cine los domingos porque toca,
quedarnos en casa
para poner la lavadora,
que no te pelees por la manta
ni me acuses de tener los pies fríos
o dejes de beber mi café.

Tengo tanto miedo de perderte
que por eso aún no te conozco.

LECHO VACÍO

Volved, caballero, a mi noche;
volved a mi amor, a mis brazos;
os ofreceré mi rosa abierta
y esta se entregará a vuestro tallo.
Volved a besar mis labios,
a romper en mi boca el beso
de vuestra muda boca
saciada en mi fiero cuerpo.

Venid a mi lecho vacío,
aquí os esperan mis lunas
de pálida y tersa blancura;
mis lacios cabellos sueltos.
Saldad vuestra antigua deuda
que cada noche os exijo
como pago a mi deshonra,
como alivio a mi desdicha.
En la aurora vuestro cuerpo
abandona mis lugares,
dejando el pecho vacío
y entre mis muslos la nada.

Volved, caballero, a mi noche,
volved a mi amor, a mis brazos;
os ofreceré mi rosa abierta
y esta se entregará a vuestro tallo.

INSPIRACIONES

De tinta se impregnan las páginas.
¡Que se confabulen los días
y nos reencontremos!
Vibran los sentidos,
evoca tu presencia
esta piel que solo tú estremeces,
derrotando a la soledad,
adentrándose en adictivo éxtasis.
Sentirte
fiero, enérgico, travieso.
Junto a mí
extenuado, dulce, mío.

MÉTRICA DEL CUERPO

Hoy deseo que me escribas un poema,
deja olvidada en el escritorio esa pluma
o no la olvides, pero tráetela contigo
junto con tus manos y tus dedos.
Surca con ellos mi espalda hasta el fin de mis días.
Versa con tus labios en mi clavícula
cada sílaba pronunciada entre susurros;
uno a uno, los símiles expresados en mi piel
con la tinta que mana de tu lengua.
Derrocha cada palabra. No importa,
no hay límite para este bello poema
que empieza a ser sinfonía en mi cuerpo.
El ritmo y la melodía de tu carne,
la libre métrica en las formas de este lienzo.
Y abierto, el verso que no acaba,
pues jamás se extingue mi deseo
y es pasión lo que tus dedos marcan
en las turgentes formas de mis senos.

CANTO DE CALÍOPE

Mostremos a esta estancia en llamas
el poema que es nuestra piel temblando
ante el preciado temor del primer encuentro.
Escuchen tus latidos a los míos,
sean melodía rítmica.
Inspiremos ilusión, exhalemos todo temor.

Acaricia con esperanza mi camino.
Acogeré cada tierna intención.
Desataremos prejuicios.
Más allá de todo dios o demonio,
ensalce el tiempo la unión de nuestras almas.
Yo tu musa, tú mi poeta.

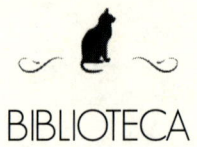

BIBLIOTECA

Esencia de libro antiguo,
rasga mi blusa el tiempo.
Trazas anhelo en sus páginas;
el sonido se quiebra.
Aspiro ese olor a tinta
que desprenden tus manos.
Perviertes mi refugio, con calma;
acaricias títulos,
tu mirada recorre iniciales y apellidos.
Me ofreces otro libro,
lo abro para ti.
Penetras en el fondo de mi deseo.
Sobre su tapa dura
nuestras manos entrelazadas.

PULSIÓN

Sin piedad,
rasgas mis telas,
al suelo arrojas mis velos,
sucumbiendo al fiero deseo
que mi mirada expresa
y tu cuerpo anhela.

Clavada en mi desnudez
tu hombría,
un grito silencioso de lava,
hace un volcán de mi garganta
que estalla en sucesivos alaridos.

A bocanadas,
respiro tu aire,
me arde tu aliento de fuego
y abrasan en racimos tus espasmos;
líquidos densos que escurren
en mis acuosas entrañas.

Acometes,
furioso, en mí

y yo cejo en mi escasa resistencia,
forzada por mis lúbricos afanes,
clamando a tu cuerpo piedad,
rogándole a tus mecidas caderas
la incesante danza que envuelve
en frenético gozo nuestros cuerpos,
nuestras húmedas pieles,
agónicos mutismos que mueren.

Nos saciamos
el uno del otro,
asesinos del silencio nocturno
y de las mojigatas virtudes,
a las llamas de la lujuria entregados
por nuestra recíproca búsqueda
de carnales éxtasis.

CANSANCIO

Me harté del frío en los huesos, de gélidos abrazos,
besos huecos, corazones flojos, suspiros de hastío.
Me cansé de la amargura de la rutina, de ese inhóspito
lugar al que estaba anclada sin ser yo misma.
Me lancé a los cuerpos que abrieron sus carnes y me
ofrecieron sus bocas.
Me enredé entre piernas y brazos, me acoplé a sus sexos
como si jamás les hubiese faltado.
Una más en esa cálida masa húmeda. Una más, con la
piel perlada, el pelo empapado y pegado a un rostro
encendido.
Una más, con la lengua en busca de lugares a los que
acudir a robar gemidos y las manos hurgando en sitios
prohibidos, provocando alientos feroces.
Gritos atroces, acuíferas voces sangrantes, gorgoteos y
gruñidos, abrazos, besos, mordiscos y uñas marcando las
trémulas carnes.
El calor no cesaba, el fuego alojado en mi pecho y mi
corazón palpitante de vida.
El infierno era ahora mi hogar y el frío de mis huesos,
tan solo un mal recuerdo de un pasado inerte.

VERDAD Y MENTIRAS

Mi lengua te desnuda, verdad;
cada uno de tus pliegues conozco.
Cuando húmeda gemías mi nombre,
lamía cada lágrima.
Sedienta de mi dolor,
en mis labios derramas
el profundo olvido.

Desengáñate, mentira;
penetra el adiós.

PROSAICO AMOR

Me esparzo por la estancia
destilando físico amor;
pequeñas partículas de sudor
perlan mi lujurioso cuerpo.
Me arrojo aquí y allá,
saboreando en cada rincón
el dulce aroma desprendido,
la fiel embocadura de tu cuerpo.
Sumergida en tu oleaje,
te entrego el océano de mi sexo
por el que navegas con marinera destreza
capeando el temporal de elevadas olas
que sucesivamente rompen en tu boca.

DECIR LA ÚLTIMA PALABRA

El sabor del punto final,
deliciosa cúspide.

Culminar tú,
sonora evocación del silencio.

Sumergirme en mi ser,
perseverar en la incredulidad.

Ni poetas
ni grandes amores.

No hay mayor placer.
Decir la última palabra.

Murmurar:
—¿Ves? Llevaba razón.

EN TU BÚSQUEDA

Quizá fue mi desesperación,
tan vacía de todo, tan llena de nada
que mi piel clamaba a gritos el calor,
que mis manos, huecas de ti, soñaban
con un cuerpo que nunca fue suyo,
con un nombre que jamás pronunciaron;
limpios mis labios de tus ósculos,
deshabitada mi boca de tu cruel carne.

Tal fue la pasión, tan tuya era mi alma,
que escapé de mí para ir en tu búsqueda
y no hallé más que otros cuerpos sin vida,
descoloridos, fríos y ausentes.

Nada que me colmara de este amor tuyo,
nada que saciara este violento apetito,
esta homicida sed que, acuciante,
reinaba en mi pecho, como una reina sin rey.

Y sucumbí, ¡oh, apiádate de mí!,
al calor de mis manos impregnadas
de tu impúdico recuerdo.

Quizá fuese esa la última vez
que mi centro desbordó
océanos en tu nombre.

VERANO

Esa gota que la frente recorre,
resbala caprichosa mojando tu mejilla,
se desliza por el cuello
y reposa, joya brillante, sobre tu pecho.

Ansía ese busto el gemido de la brisa estival.
Junto a la ventana entreabierta
te abanicas con la página que arrancaste de tu diario,
convirtiendo deslices en un avión de papel
que planea en la noche
y aterriza sobre la carretera.

Imaginando que alguien lo leyera,
sonríes mientras acaricia tus senos
la penumbra.

PERSÉFONE

Ardía mi piel de tanto anhelo,
contenido el vicio del pecado;
lascivo animal hambriento
que me posees, ¡ten piedad!
Aléjate de este insomne cuerpo
que no descansa sin su placer.
Pero mi bestia ruge, ¡demonio!
¿Es que no vas a dejarme en paz?

No son gemidos sino bramidos
los que en mi boca amargan
y a mi vientre endulzan.
No son los clavos de Cristo
los que me unen a esta cruz;
es el fuego del diablo, abrasador,
que, cual bruja a la hoguera
arrojada sin clemencia,
lame con temibles lenguas
la piel de la perversidad.

Y ardo, ardo en mis llamas,
en mi fuego, en mi delirio,

hasta agotarme con la bestia;
mi vil cuerpo consumido
ante su maquiavélica astucia.
Ríe y se revuelca en sus dominios
sabiéndome presa en sus sombras.

SAFO DE MITILENE

Acude a mí, mi hermosa dama;
caminemos de la mano
hacia la vera del río.
En la margen, nuestras ropas,
a la orilla, los pies metidos.

Escondidas las vergüenzas
donde los juncos oculten
nuestras pieles doradas,
nuestros cánticos dulces,
nuestras manos inquietas,
nuestras lenguas mojadas.

Juguemos juntas a un juego,
el juego de los sentidos,
para sentirnos sin vernos,
para vernos y sentirnos.

¿Cómo será tu pecho
cuando mi mano lo guarda?
¿Cómo será mi vientre
si tus labios lo marcan?

¿Y tu boca?
¿Cómo sabrá tu boca
si yo la beso?

Acude a mí, hermana mía,
y, tomadas de las manos,
mirémonos a los ojos,
juntemos nuestros labios
y enredemos nuestros cuerpos.

HECHIZO DE SELENE

Gata que eriza minutos,
cabellos que enredan las horas.

De perlas la noche vestida,
en brazos del insomnio, baila para mí.

Te traicioné por ella, Morfeo.
La luna se desnuda,
recostada en mi cama,
besa mis párpados
y yo velo, hechizada,
esclava de sus caprichos.

LA REFLEXIÓN DE MEDUSA

No me importa la certeza
de que no me considerasen suficiente.
Nunca brillaré como ella.

Me alegra no poseer su belleza,
que los pájaros no trinen al verme,
ser una mujer grande, con curvas,
orgullosa de las cicatrices que la vida
tatuó sobre mi piel,
de no inspirar poemas,
de ser solo yo:
sencilla y directa.

Tan tranquila y segura estoy
que solo entrará en mi vida
quien lo merezca.

MÍMESIS

Me veo reflejada en tus pupilas,
tan tierna, pero indecente,
tan fuego y brasas,
tan dulce candor, tan... ¡Tanto!

Me veo reflejada y me sonrojo,
y a mi piel acuden motas
de un esplendor bermejo,
de un radiante mis mejillas,
de brillos sólidos mis ojos.

En tu boca...
me veo amarrada a tu boca.
¡Tus labios me cubren,
me palpan, me tocan!
Y me enseñan a amar
como jamás he amado.

A tus manos anudada,
cada fibra de mi cuerpo
esculpido por tus yemas,
por tus uñas surcado

y a tu lengua adherido.
Y me veo en ti. ¡Tan tuya!

VOLUNTAD

Vivió un amor de película
hasta que se convirtió
en un largometraje de segunda.
Algunas tardes su espectro aparece
bajo la cama.
Con garras de olvido susurra su nombre
y hace el amor con su ausencia.

TERPSÍCORE

Danzo para ti,
mi sinuosa silueta recortada en penumbra.
Solo soy una sombra en tu recuerdo,
una musa imaginaria del deseo que te aborda,
un incipiente anhelo que somete tus voluntades
y te arrodilla, humilde, ante mi persona.
Ruegas con la mirada, todo te niego,
todo salvo el deseo que imprimo en ti
como un agridulce veneno que te condena.

Y mis manos a tu cuerpo jamás acuden.
Y mi boca a tus besos jamás se abre.
Y mi piel a tu pecho jamás se adhiere,
pero mi cuerpo danza para ti,
salobre la piel y húmedo mi sexo,
solo para tu deleite visual, para tu ego.

Musa de tus más perversos sueños,
danzo para ti;
mi voluptuosidad clavada en tu recuerdo.

ROSA ETERNA

Revive, rosa marchita,
apartaré de tu lado
cada palabra teñida de farsa.
Despojaré el corazón
de los ásperos encajes del olvido.
Solo una cinta de raso con tu nombre
prenderé a mi tobillo.

Felina maltrecha,
despedazaré la oscuridad,
arrancaré la máscara
a esta modernidad templada.

Por ti sentenciaré
cada sonrisa impostada
y adoraré mis vestidos negros,
tu cabello rojizo
y nuestra fe en la eternidad.

EL LAZO

Ha aprendido mi alma
a sonreírte, como solo sonríe
quien no conoce del dolor
más que su nombre...

Y a ti, me veo
irremediablemente unida,
con este fiel y sincero
lazo que jamás lastima
ni hiere... ni muere.

Entonces,
en tus pupilas me veo
y me amo
por cómo soy a tus ojos,
y te amo
por cómo eres a los míos.

RENACER

Desertó el presente.
Abrázame
hasta olvidar mi existencia.
Recobro el valor,
acurrucada en tu pecho.
Renazco besando tu vientre.
Bella luz de anhelos,
alivias mi tristeza.
Del desdén de la fortuna,
me libras solo tú, poesía.

EL SECRETO

Hoy, llamo a tu puerta con insistencia pues me urge contarte un secreto. Pero no a voces, no aquí, al descubierto bajo esta luz cegadora que invita a indiscretos ojos y a oídos ajenos, sino en penumbra y en acariciadores susurros. Escucha mi voz y deja que te envuelva y te eleve a ese momento que tanto deseas y al que entregarme yo tanto anhelo. Convirtamos una realidad de fuego en un dulce sueño que no acaba.

BRISA

Caprichoso, rozas mi nuca,
jugueteas con mi cabello.
Amante invisible,
mi piel erizas, roce sutil.
Serpenteas en mi espalda,
te deslizas bajo mi vientre,
acaricias mis muslos.
Rendida, me entrego a ti.

PETITE MORT

Me gustaría poder contarte
las veces que te he soñado,
pero temo que, como un deseo
revelado a voces, te disuelvas
en polvo de estrellas fugaces.

Quisiera que supieras que
mi noche es más cálida en tus brazos.
Morfeo gruñe, celoso por mi engaño,
sabiéndome adormecida en tu cuerpo,
sin ceder por completo a la bruma.

Podría revelarte mi secreto,
aquel que, entre sábanas,
se empapa de mis densas humedades
y palpita tembloroso en tu nombre,
agonizando entre tus pieles mi deseo.

Desearía susurrarte en mi delirio,
abrocharte a mi cintura
y vestirme con el roce de tus manos;
envolverme en el perfume de tu voz

y pintar en mi vientre con tu pluma,
escurriéndose su tinta entre mis muslos.

Pero temo, vida mía, que,
como un deseo al aire expresado,
tu calor se disipe al despertarme
y entre mis sedientas piernas halle
simple polvo de estrellas fugaces.

ZEUS INGRATO

Asedian sin piedad.
No importa quién caiga si así se benefician.
Aunque envuelvan falacias. Nadie que no los mencione.

Reboza su nombre por el lodo. Lo adoran
—que hablen mal, pero que hablen—.
No temen a la tempestad.

Ellos cambian los vientos en su favor
para que idolatraremos, con envidia,
su Parnaso de cartón.

Beban nuestro desdén
y entre nuestras piernas solo hallen
simple polvo de estrellas fugaces.

LA QUIETUD

Una suave voz se hizo presencia,
adentrándose en ella como el agua
penetra en cada rincón y recoveco;
sin la furia del fuego cuando expresa su rabia,
sin el ímpetu del viento cuando arrecia,
sin la bravura de la tierra cuando arrasa...
Sí como el agua, gota a gota, sin prisa, con discreción.

Una firme voz cubrió su cuerpo
y echó raíces en su memoria,
sofocando el dolor de sus nostalgias,
alimentando de lúbricos sueños sus noches,
generando en su alma inconfesables deseos
y haciendo contorsionar su cuerpo
en sinfín sucesión de temblores extasiados.

ARES

Perviertes mi ser.
Desnudas mis versos,
tentador espíritu.
Llena mi noche con tus poemas,
aunque la vida desee envenenarme.
Entona aquella melodía endiablada,
esa que ruboriza a mis sábanas.
Rasga cada palabra, arde conmigo,
que nuestras cenizas tracen,
sin miedo, la palabra amor.

RENDIDA A TI

He caído derrotada tras la lucha cuerpo a cuerpo. Vencida, abogo por una concilia que me redima. Arrodillada, mi mirada es un bravío embiste a tu hombría. Clamo una disculpa fiera entre dientes, sintiéndome ahogada con mis palabras atravesadas.

Mi aliento hierve, mi pecho bulle, mi boca gime y tú, erguido ante mí, impetuoso y estoico sátiro, extiendes tu dominio y mi deseo crece y se retuerce, haciéndose insoportable hasta la idea de expresarlo, aún más inconcebible la imagen de no ceder a él.

Asumo que he perdido la batalla. No me humillo, y en mi boca abrazo la penitencia y también el pecado. Lamo mis heridas tras la derrota. Saboreo tu veneno que fluye, tibio y espeso a través de mi garganta. Saboreo hasta la última gota de mi castigo, sin culpa, y contemplo a mi dios; perdón y orgullo en su rostro de piedra.

LO QUE QUEDA DE MÍ

Pasado que desgarras inocencia,
deseo ser yo antes de conocerte, sonreír con motivo,
enorgullecerme de mí.

No necesito quien lama estas heridas.
Aprendí a caminar en soledad.
Como la luna, como felina sin clan.

Lucho por salir
del escepticismo.
¿Dónde quedó mi ilusión de amar y ser amada?

Entre letras me refugio,
con versos me arropo
soñando que alguien aún me espera.

HABITAR EN TU PIEL

Con paciencia tejí tus sueños uno a uno, sabiendo que, con cada puntada, mi hilo cobraba vida en tus retales, naciendo en ti, siendo en ti..., como un pequeño soplo de tu aliento, como ese instante en que observas el cielo, pensativo o distraído, y acaricias una rodilla desnuda...

Tejí mis sueños a los tuyos, profundizando en esos recovecos oscuros para iluminar tus espacios con mi brillo. Puntada a puntada, mis luces a tus sombras se enredaban y creaban espacios tenues, recortadas nuestras siluetas en penumbra, intercambiando el calor de nuestros cuerpos y el color de las miradas.

Sentí, después de tanto tiempo, que por fin habitaba en tu piel, que permanecía adherida a tu memoria, que tu pensamiento era mi pensamiento.

Florecida en tu pelo, respirada en tu boca..., dormida en tu pecho.

DESCALZA

Descalza en el templo de Venus,
invoco a aquellas almas
que se unieron antes de habitar
nuestro mundo.

Altar de su idílico amor,
acudo suplicando tu regreso,
consumida por el deseo.

Para que nuestros caminos
se rencuentren
a ella me entrego.

CULTO A VENUS

Entrelazo mis manos a las tuyas,
dedos inquietos que juegan a enredarse,
a rodar como bailarines en las palmas de las manos,
a deslizarse a través de las pieles
hasta que, aburridos de los mismos rincones,
prueban suerte en otros lugares.

Un cosquilleo en la curva del vientre,
corazón e índice, dos yemas caminantes
que simulan las piernas de un soldado.
Camina firme hacia su destino, el monte
por todos nombrado como Venus.

Tu sonrisa maliciosa y la raíz de mi
columna y un viento invisible eriza el pelo
de mi nuca.
Un suave suspiro que anuncia un verso
de tinta blanca como espuma espesa
y, allí, de donde convergen mis pilares,
se derrama cual viscoso néctar mi dulzura;
recitado a borbotones, a mi amado soldado,
el verso que me inspiró su descenso de la cumbre,
habiéndole rendido culto a la hermosa diosa del amor.

PERVERSA

Solo así te deseo imaginándome;
a solas en tu habitación,
acariciando el espacio
que antes ocupaba mi cuerpo junto al tuyo.
Recordando mi calor,
el tacto de mi piel,
que resbale esa pícara mano
y desnudes tu placer para mí.
Tan solo en tu mente me siento auténtica.
Pervierte este delirio que te corona,
reina Oscura;
latidos con nuestros nombres,
gemidos, cantos aunados.
Morimos un poco,
resucitamos en nuestra esencia.

MI HOGAR

He hallado en ti mi lugar favorito;
en cada estancia de tu cuerpo, mi cobijo.
Mi lecho, allí donde es plácido el sueño,
sobre tu pecho; vencida en ti mi silueta.

He hallado mi hogar entre tus manos,
entre los dedos guarecida mi figura,
mimados mis contornos con sus yemas,
en el puño, pulverizados mis miedos.

En tu voz, he hallado el vínculo
y en tu cuerpo, el mío enraizado.

He hallado, al fin, mi lugar favorito,
el hogar en que se mecen mis sueños;
en ti, donde cada rincón es un templo,
donde cada estancia es mi escondite...
secreto. Como tu boca a mi oído,
como tus labios en los míos fundidos...
en un beso. Uno eterno.

LA MUSA Y EL DESEO

Bebe estas lágrimas que por ti no vierto.
Cree en cada uno de los gemidos que no llevan tu rostro.

Torpes movimientos los tuyos,
nada tienen que ver con la danza de mi Musa.
Ella es tibia ambrosía en mis labios
sedientos de su extenuación.

Un ramo de rosas, su melena,
cuando reposa sobre mi lecho.
Acaricio con admiración sus cabellos rojizos.
Seduce mi mente con su voz de pajarillo alegre.
Ansío entregarme solo a ella con la dulzura y el fuego
que de su mirada ardiente y limpia brota.

¡Oh, Musa, aléjame de aquí!
Marchémonos adonde el Deseo
no se confunda con lo mecánico
y la Lujuria sea un manto de seda
que nos arrope cuando, exhaustas,
durmamos la una junto a la otra.

LÁGRIMAS DE FUEGO

Estudiado parpadeo el de esa mirada cándida; no es tristeza lo que esos ojos hablan tras las pestañas que caen, provocando vientos, como velos traslúcidos. No es nostalgia lo que el brillo de sus pupilas muestra, semejante a la titilante luz de una fugaz estrella. No es su boca un quejido doliente de amargas penas, sino un suave lamento envuelto en caricias eternas. No son sus lágrimas de fuego esparcidas en el rostro sino segregadas, como perlas salobres, desde sus entrañas.

CARTA DE PORNOSIA A SU AMIGA EROTIA

Mi querida Erotia:

¿Qué será del placer
si solo la pulsión inicial parece evocarlo?
¿Es romper promesas, justificar deslealtades?

Mi amante, no contento con pedirme
posturas imposibles propias de contorsionista circense,
que, por cierto, me desagradan,
se ha obsesionado con que alcancemos el orgasmo
a un mismo tiempo,
algo que se presupone lógico
y que a mí me parece impuesto, artificioso.

Solo le noto centrado en un fin,
no en sentir la belleza del durante
o el ritual del inicio.

¿Qué fue de la sensualidad,
de lo hermoso que le resultaba observarme
mientras me recogía el cabello
frente a él,

o la ternura que le inspiraba descubrirme
vestida con su camisa?

Últimamente, me satisface tanto
el crujido de las hojas bajo mis pies,
la brisa otoñal que despeina mis rizos,
aspirar el petricor después de las suaves lloviznas
que estas semanas nos acompañan.

Me pregunto si será cierto
cuanto me enseñaron sobre la satisfacción.

HAMARTÍA

Permítanme presentarme
pues aún no nos conocemos;
dicen de mí, por si no lo saben,
que de cobarde no peco,
que mi sonrisa es pecado,
y que del infierno vengo;
que traigo conmigo el fuego
y que ardiente es mi escultura,
que de entre mis curvaturas
se han escuchado los ruegos
de cuantas míseras almas
entre mis fauces murieron.

Cierto es, señores míos,
que de cobarde no peco,
mas el infierno es el mío;
del averno no provengo,
donde me hallo, huye el frío.
Mi silueta es de fuego mi mirada, un desafío.

Díganme, señores míos,
¿qué ruego han de

exclamar quienes
moribundos llegan hasta
mis labios rozar?
¿Quiénes, en su sano juicio,
al fin su hambre saciada,
rogarían ser salvados?
¿No serían, más que ruegos,
rugidos lo que escucharon?
Que de entre mis tiernas carnes
fueran gemidos gozosos
y no de mis bestias fauces
sino de labios carnosos,
un último de mis besos,
lo que habrían de rogar.

Díganme, señores míos,
¿por qué temen tanto pecar?

CISNE SIN HOGAR

Cantan los buitres,
afilan cada espina de las rosas
que antes te acariciaban.

Despedazan con sus garras tu piel.
Abren, sátiros, tus inseguridades,
tratan de seducirte con ellas.

Despreciaron los besos que anhelabas.
Y tú, desnuda ahora de los harapos
de la falsa pasión, oh, Cisne nocturno,
volarás lejos de aquellos
que no entendieron tu Luz.

Oscuridad te llamaron. Aléjate de ellos.
Vuela hasta el abrazo de Venus,
recita aquellas arias prohibidas.
Ave malherida, cada ápice de esperanza
prenderé a tus alas con mis besos.

RÉQUIEM DE LAS FLORES

Notas de almizcle en su piel;
en su pálida inocencia
la luz, tierno beso de verano,
la dulce fragancia volatiliza.

Envoltura de vapores, flores
para su hermosura asesinadas;
en frascos delicados la esencia
que a su cuerpo se adhiere
y al rojizo cabello perfuma
rociándolo de muerte viva.

Cuidadosamente escogido el lugar
de cada aromática gota,
el réquiem de las flores entona
bajo su delicado cuello de cisne;
a su clavícula, traslúcidos cristales
que, con hambre, su carne engulle,
integrando a su diabólica belleza.

ORGULLOSA COBARDÍA

De rodillas se derrumba tu recuerdo.
De rodillas suplicas mi regreso.

En pie, te decía,
en pie se afronta la vida.

Arrodillado buscas mi perdón.
Vestido de cinismo
tratas de conmoverme.

En pie, te digo,
solo en pie voy a escucharte.

Y aunque tu barbilla alces,
falso orgullo,
tratando de conquistar mi piedad,
de rodillas te sigo viendo,
de rodillas se postra ante mí tu cobardía.

EROS Y PSIQUE

Del dulce letargo de su boca
al frenesí que su cuerpo vierte en el mío;
entre jadeos divinos y embistes furiosos.

Enroscados y vehementes, como dos dragones
luchando entre las llamas de un fuego eterno
que les consume y les viste de lava.

Abrasados por una pasión que no cede al tiempo
ni cesa con el gozo, sino que aviva
cada vez más el vigor de nuestros cuerpos;
ávidos de éxtasis. Repletos de vida.

LA DEBILIDAD DEL ROBLE

Como ramas de roble se forjaron esos brazos.
Podrían haber rodeado a delicadas gacelas,
pero es mi espalda la que estrechas contra el pecho.

Ven, déjame sentir una noche más tu calor,
tus embestidas salvajes,
tu sudor mojando mi cuerpo,
antes de que el día me recuerde quiénes somos.

Quiero mirar de frente a la pureza,
gritar que nuestro deseo me ató a tu cama,
que es mi nombre el que murmuras en sueños.

TRAS EL VELO

El cobre esparcido al viento
en generosos bucles de seda,
sobre sus desnudos hombros
la exótica cabellera.

Limpia, su mirada tras el velo,
oculta su sonrisa entre las telas;
fino hilo blanco tejido
a sus dóciles caderas.

Una mano se adormece,
cae del traslúcido velo
y la última de sus prendas
es arrojada al suelo.

La doncella inexplorada
luce ahora su hermosura,
libre de toda atadura
y por todos venerada.

Mas existe un solo dueño
de sus placeres carnales;

siendo inalcanzable sueño
para el resto de los mortales.

NADA EN EL MAR

Sí, soy ave maltrecha.
En tu orilla me poso.
Chapoteo sobre la espuma
que derramas en mis pies.
El viento me arrastra,
me envuelve su vuelo.
Me adentro en la profundidad marina
que entre mis piernas baila.
Mi falda una flor dibuja sobre el agua.
Las olas raspan mi vientre,
mis dedos acarician tu superficie.
La sal besa mi boca, me inunda
su humedad.
Me posee un éxtasis de sirena urbanita.
Me dejo amar.

EL TEMPLO DE VENUS

Sola, y de todos abandonada;
desfavorecida por Mercurio,
cruelmente desairada por Saturno,
de Cupido ampliamente desengañada.
Solo en los placeres de Venus creo
y en su templo refugiada me encuentro,
de sus múltiples devotos disfrutando,
que complacientes conmigo se muestran
entre perversos juegos y lascivas libaciones,
en busca de los carnales y divinos placeres
que son la única justificación de toda vida
por ser el recuerdo de los éxtasis gozados
lo único que en la muerte nos acompaña
y a la tumba nos llevamos.

CARTA DE EROTIA A SU AMIGA PORNOSIA

Querida Pornosia:

Que excite tus zonas erógenas,
que te manosee hasta el orgasmo,
que te penetre
con movimiento mecánico y artificial,
no significa que él te quiera.
Ni siquiera que sea conocedor del deseo.
Pues a este se conquista desde la mente.

La belleza no es como te vean,
sino cómo te sientas con el alma desnuda
frente a la suya.
El atractivo nace en la actitud
y con simples gestos de torpeza
todo erotismo puede destruirse.

Qué fácil desvestir a alguien.
Pero la fascinación hay que mimarla
entre algodones de sutil atracción.

Pornosia, dejémonos de simplezas.
¿Dónde quedaron el juego de seducción,
la danza inicial?

Abandona a ese amante de segunda
y coquetea con tus encantos
hasta hallar, si es tu gusto,
quien merezca permanecer junto a ti.

EL BAILE

Una mano en la mía; en la cintura el peso
de sus dedos guía de garra, presos,
entre mis telas de raso; la falda en vuelo.

Los pies en danza, las canas pintadas,
sienes de terciopelo. Nos batimos en duelo
y a su boca abierta, mi beso al cielo,
a la distancia justa, acorde al baile
de nuestros acompasados cuerpos.

Danza, mi amor, a través del tiempo,
y juguemos a alcanzamos los labios,
aunque el aire no permita que nos rocemos.

TROVADORAS

Los corceles se hartaron
de cargar con héroes.

Dioses de la guerra se postran
a los pies de las trovadoras.

Se ciñen al pecho sus cantos.
Seduce el espíritu su melodía.

Notas envolventes, arpegios de luz.
Dulce entonación, elixir ancestral.

Silencio perfumado con palabras.
Afinada rima, ansia de eternidad.

Caricias de contralto,
sed de triple coloratura.

LIBRE

No me limites, no me impidas.
No detengas mis manos cuando vuelen.
No ceses el florecer de mis labios cuando te pronuncie.
No aminores el latido de mi alma si se conmueve.
No ahogues mi saliva fuera de tu boca.
No me sujetes si tiemblo,
No me pares si vibro.

Deja libres mis manos, que vuelen a tu cuerpo,
permite que mis labios se recreen con tu nombre,
sé quien me contempla absorto, conmovida,
sé quien calma su sed con el manantial de mi boca.
Abrázame si tiemblo entre tus piernas,
estremécete conmigo si vibro bajo tu cuerpo.
No me limites. No me impidas.
Déjame libre... amarte.

AMO AMARTE

Amo amarte...
No te amo solo a ti;
amo amarte.

Y suplicarte dócilmente que me beses,
y requerirte fieramente que me ames;
así, desmedido, sin límites, como yo te amo.

Amo amarte, sí, lo reconozco;
amo sentirte bajo mi piel, en mi pecho,
¡en mis piernas temblorosas, en mi voz agonizante!,
en mi lengua tras el beso, en mi lujuria
cuando clama a voces que amo amarte.

Amo la herida abierta que sangra por tu ausencia;
amo el latido que golpea cuando te digo «te amo»
y tú me respondes...
Con piel, con carne, con cuerpo..., con alma.

Amo morir de este amor por el que amo amarte.
Y amo amarte con este amor por el que no muero...,
sino por el que plenamente vivo.

VIDA

Otro día más de vida.
Inspiro cuanto mis pulmones desean.
La dureza y el calor del suelo siento bajo mis pies.
Me incorporo con el impulso de esta certeza:
Viva, un día más.

La juventud se alejó, arrastrando todo miedo.
Cada paso disfruté, apenas ningún placer me fue negado.
No me arrepiento de mi camino,
aquel que con firmeza marqué,
ni reparo en las canas que no puedo esconder.
Continúo viviendo.

Ya no brillan tus letras en mi pantalla.
No cantan las alondras del amor.
Nadie suspira pronunciando mi nombre.
No importa, la vida me permite
permanecer amándola un día más.

BAJO LA LLUVIA

Huele a tierra mojada,
a lluvia sobre el asfalto.

Con las manos entrelazadas,
las dos jóvenes juegan a pisar los charcos.
Bailan la melodía suave de sus risas;
sonatas entonadas bajo la lluvia,
seducidas por la frescura del agua
sobre sus pieles cálidas de verano.
Sueñan con no rendirse jamás
y se entregan con fervor
a la ilusión de un día... quizá no tan lejano.

Corretean, se persiguen, se provocan,
se buscan bajo el diluvio que las ama,
apelmazando mechones sueltos en sus rostros
y sus ropas ciñendo en sus alegres figuras.

Huele a tierra mojada,
a hierba húmeda;
y las dos jóvenes desfallecen, sus fuerzas rendidas
mas su júbilo permanece en sus cándidas miradas.

MI VUELO

Ahora que tomo tu mano y camino
a la vera de tu cuerpo, al compás de tu marcha,
a través de la estela que marca tu saber.

Ahora que caen los muros, infinito es el horizonte
y nada me impide volar por encima de los más altos picos,
despegar, extendidas mis alas al sol,
el polvo levantado a mi viento, desprendida
del peso de la ignorancia; elevada al placer;
ascendiente mi vuelo hacia el firmamento.

Resucitadas mis más fervientes pasiones,
en un nuevo despertar mis deseos más oscuros
y, bajo un nuevo nombre, corromper
el inútil hastío de los tristes corazones,
pulverizar el frío con mi simiente de fuego
y, en la unión de tus deseos con los míos,
pervertir las más inocentes intenciones.

Ahora que tomo tu mano y camino
a la vera de tu cuerpo, abriendo mi propia senda;
ahora, por fin soy lo que siempre anhelé ser.

SOLEDAD DESEADA

Solo la soledad me entiende.

De la crueldad me alejo.
A salvo de tanto daño,
con dulzura me abraza.

No reprocha mis palabras,
no corrige mis actos.
El egoísmo la teme,
la enemistad aparta.

Entiende cada lágrima que enjuga con sus besos.
A solas puedo ser auténtica, sin temor a risa ajena.

Me refugia, recuerdo mi ser.
La incomprensión se arrodilla ante ella.

La soledad acaricia mis horas con silencio buscado.
Traza mi silueta con pétalos de *no te olvides*.
Prende a mi cabello la paciencia.
Desata mi angustia,
me cubre de calma.
Solo en ti, soledad, me entiendo.

LO PROHIBIDO

Por ser lo prohibido, me tentaba;
cuanto más negaba el deseo, este más me mordía;
a mayor mi resistencia, más insistente su emplazamiento.
Pronunciaba mi nombre aquella voz en sombra
y yo, que no deseaba escucharla, ¡ay de mí!,
mis manos a mis oídos, mis ojos cerrados
y mi boca, bien prieta para no replicar.
Ni sorda, ni ciega, ni muda..., ¡nada podía hacerla callar!
Vibraba mi cuerpo con su sintonía,
temblaba mi pecho, mis rodillas vencidas
y este corazón mío ¡venga a galopar!

No pude y, en realidad, no quise resistir
a aquel canto que melódico entonaba.
Un mar bravo espumoso a mi boca acudía,
de mi sedienta garganta los clavos arrastrar.
Arrancada de mi cómoda quietud me sentía
y, finalmente, los primeros pasos inicié
para acudir, entregada a la cita con la tentación
y, en lo que para los demás es perdición,
encontrar lo que para mí será mi salvación.

HERA

Puntual a nuestra cita,
en clave de luz acaricias mi mente.

Conoces cada rincón oscuro.
Nunca me juzgas, siempre escuchas.
Sentencias a quien me daña.

Brillante, eterna, etérea,
un minuto triunfal
tomas en instante permanente.

Ármame de ti.
Jamás hallaré mejor compañera.

Tú, mitad bondadosa,
sanas cada pensamiento desgarrado.

Si debo darte otro nombre,
te llamaré Fortaleza.

VENERADA SOMBRA

¿Quién te teme, amada mía?, ¿quién te rehúye?
¿Quién osa escapar, bajo las dolorosas luces,
de tu oscura calma silenciosa?

Tu sombra se alimenta del día
que deja el sabor de horrores y glorias.
Tu caminar lento se cierne sobre todos.
Gobiernas, solemne, cada estancia;
presencia absoluta en postreras horas;
reina de los solitarios corazones,
musa de poetas que abrazan tu bondad
y, mecidos en tu muda sabiduría,
a la escasa luz rojiza de un farol,
esbozan versos en tu nombre.

Amada noche mía, ¿quién podría temerte?
Si tus palabras de medianoche seducen
y en tus brazos más libre es el alma.

SOL

Deseo sentirte, aunque me abrases.
Quiero formar parte de tu núcleo,
ser átomos de ti.

Amado Sol, que trenzas parte de mi nombre
y no puedo abrazarte,
en la distancia admirado.

Cubre mi piel.
Este pálido envoltorio será tu luz.
Guía que observas durante siglos
templando cada parte de mi mundo,
cuando nuestras vidas
siegue el tiempo, permanecerás
contemplando a la frágil humanidad.

Amado astro lejano,
quién pudiera alcanzarte,
ser uno, ardiendo juntos.

MARE IMBRIUM

Sobre mí se cernía la noche y yo le temía
como una mujer teme la madurez
que un día deseó de niña.
¿Y si acaso se llevara mi alma
dejando este cuerpo muerto en vida?
¿Y si a mis sueños cederme
quisiera, sin opción a despertarme
al día?

Me habló, sin sus mares, la luna afilada;
me dijo colgando de aquel manto,
oscuro y espeso techo insondable:
«Niña, ¿por qué has de temer a la noche?
si es siempre la causa que precede al día.
Suceden uno y la otra, sin jamás tocarse,
un ligero roce, todavía... y nada más.
¿No es triste, mujer hermosa, su condena?
Y tú, que eres ambos y a ambos amas
por igual, déjate ir, sin miedo, al sueño
pues en ti, y solo en ti se pueden besar».

Me ciñó la noche a su cintura, bajo la luna,
triste y blanca sin sus mares, puntiaguda.
Y sopló en mi nuca su sombra, y cubrió
con ella mi lecho, mi silueta temblorosa,
mis ojos, mis manos... y mi boca.
Así esperamos ambas al día, ella en mí
y yo en ella todavía, para, en la luz
despertar sedientas del líquido dorado.

El día acudió a mi lecho, bañó mis dedos,
besó mis párpados, rozó mis labios.
En mi piel, ambos amantes se bebieron:
una, su prístina alegría; el otro,
su seductor silencio trasnochado.

Y en mí habitaron y cohabitan ambos;
al sueño sin temor me entrego, a su bruma,
bajo el Mare Imbrium de la madre luna;
redonda y pálida se insinúa y así dice:
«Mujer de luces y sombras, tres amantes
son ahora: la noche, la dama y el día.
Suceden uno en las otras, se tocan, se rozan,
se beben y mucho más... todavía».

DAVINIA, VENUS LIBRE

Tanto me observaban,
que ascendiste, mente, hasta escapar del cuadro.
Eros, solícito, sostiene el espejo.

Ningún manto cubre el nácar de mi piel.
Los pliegues de las telas se desvanecen
mostrando mi figura, mis curvas.

Danzad, cabellos crespos, con la brisa de frente.
Alma soy, de rodillas lo terrenal perece.
Venus soy, a mis pies el amor se rinde.

OJOS DE GATA

El erotismo despierta en tus ojos de gata;
será en la profundidad de sus verdes campos,
será en la pureza, reflejo del alma,
quizá en la gata que duerme en ellos,
siempre felina, mujer esmeralda.

El erotismo desciende también a tu boca.
Ha prendido en tu sonrisa, bruja, la eterna llama
y en tu piel, de alabastro a veces; otras, de cuarzo rosa,
el erotismo se roza. Por ti amanece el sol
y en ti pernocta.

Busto de eternas caricias, de imperecederas horas;
el erotismo es seducido por tu misma silueta,
salvaje y tierna, entera y rota.

Se adhiere el erotismo a ti, mujer,
tiñe y perfuma de violetas tu cabello,
lo ensortija con descaro y lo deja caer, sin miedo,
sobre unos hombros de anheladas caricias,
en torno a un rostro de deseo enmarcado.

Enamorado de ti, Eros, en ecos te nombra;
a través de tu voz se esparce y seduce
en tibios alientos, en tenues susurros,
en graves y melifluas notas.

LAURA

Venus se arrodilla a tus pies.
Las olas ondean en tu pelo.
Tez de diosa griega,
mirada de faraona,
tal vez desciendes de Cleopatra.

Tu fina barbilla alzas desafiando tempestades.
Miras de frente a la vida.
Discípula involuntaria de Anaïs Nin,
tu nombre es triunfo
nacido para versos de poetas.

Mujer inolvidable,
cuánta grandeza en tan solo dos sílabas.
Con paso firme caminas por este torpe mundo.

Valerosa trovadora,
rompamos el mito.
Cantemos juntas, desnudas de envidia,
una oda a la mujer libre.

Epílogo

Laura y Marisol han emprendido el noble compromiso de poetizar sobre los placeres, la sexualidad, el erotismo y el amor que nace de la materialidad, pero que no se reduce a ella. El cuerpo humano es más que carne. Es también fuente y camino de placer (sexual y estético) y conocimiento (experiencial, principalmente). La seducción de Venus es el intelecto tratando de echar luz sobre lo que somos en cuanto «seres sintientes», seres emocionales que se arrojan a los brazos del instante gozoso como un acto libérrimo contra el sinsentido vital y en pro de la reivindicación individual. Al fin y al cabo, el orgasmo no se comparte; nos pertenece a cada uno. Cuánta razón tienen estos versos de «El templo de Venus», (vv. 10-11): «en busca de los carnales y divinos placeres / que son la única justificación de toda la vida». Estamos, pues, ante unos poemas de descubrimiento, aceptación y, sobre todo, de redención muy humana, porque vislumbramos algún sentido a lo terrenal:

«y, en lo que para los demás es perdición, / encontrar lo que para mí será salvación» («Lo prohibido», vv. 19-20).

Si ya de por sí La seducción de Venus es un poemario inteligente y provocador en cuanto que eleva la sexualidad y lo sensual a categoría estético-filosófica, estas cualidades se ven intensificadas por la temeraria estructura que configura sus setenta y cuatro poemas: son dos voces poéticas claramente definidas, con sus propios estilos, ritmos y símbolos (un gran acierto poner la figura de un gato y de la flor de lis). Dos personalidades que dialogan, que se desahogan, que se conectan y que se unifican en palabras, versos y temas de tal manera que el poemario se logra configurar como una sola entidad difícilmente separable. La dualidad ha conseguido la unidad. Un solo cuerpo poético. ¡Maravilloso! No tengo registro de algo así en poesía. En narrativa los ejemplos se amontonan.

La seducción de Venus es fruto de la pasión por la poesía y de ese verso que no desaparece en cuanto se lee, sino que se adhiere al alma, la penetra y la transforma:

«mi voluptuosidad clavada en tu recuerdo» («Terpsícore», v. 18). Es una muestra de auténtico amor por esa literatura que hermana y que saca lo mejor del ser humano incluso desde aquellas profundidades que se desconocen.

Laura y Marisol han demostrado con La seducción de Venus que son poetas de raza y que han sido llamadas por la musa poética para hacer del verso y del poema un camino para conocernos y conocer más al ser humano, en lo que tenemos de pasajero y de la eternidad que albergamos. Esto es lo que llamo goce estético.

Gracias, poetas, por permitirme estas palabras finales, por su amistad y por haber alcanzado esta meta que les ha supuesto, lo sé, un gran esfuerzo personal y poético. Ruego que La seducción de Venus sea el inicio de una infinita y fraternal alianza entre la poeta con ojos de gata y la poeta con mirada de faraona. La poesía las necesita.

Y gracias por acercarnos un poco más a la belleza que somos, o anhelamos ser.

Luis Solís Mendoza
Docente universitario y crítico literario

Las autoras

LAURA REDONDO

Desde la infancia, como menuda emborronadora de historias fantásticas, mi camino con la pluma ha sido inconstante, llegando, en ocasiones, a desaparecer casi por completo.

Hace no demasiado, decidí que había llegado el momento de plasmar sin ambages lo que en mi interior se estaba forjando, que no es, ni más ni menos, que el carácter y la personalidad unidos a unas vivencias, experiencias y un reciente, a veces contrariado, amor por la filosofía. Ya sea en prosa o en verso, con humor o ácida ironía, repleto de erotismo o bañado en la luz heroica de un romanticismo de acero, mis letras muestran una puerta a lo oscuro del alma, a la raíz del ser humano y a su pasión por la belleza etérea de un arte que nace en las entrañas, se alimenta de la mente y muere en la boca para ser el alimento de masas.

He publicado *Desde los abismos, donde habitan mis demonios* (2023) y comparto mis relatos y poemas en **www.lauraredondo.com**

MARISOL SANTIAGO

Opino que poesía y psicología van muy de la mano y es por ello que mis poemas beben de la experiencia, pero no se limitan a contarla o a testificarla; la procesan en busca de una comprensión humanamente universal, de un conocimiento que sane, libere y que nos abrace sin diferenciaciones de ningún tipo. Aclaro que, por mucho que pueda haber partes de mi alma o reminiscencias de algún acontecimiento que me toque muy de cerca, la poesía es la que habla, la que se muestra.

He publicado *Poemas de una polilla* (2021) y *Ahora que me llamas bruja* (2023). Además, mis poemas forman parte de las siguientes antologías: *Versos desde el corazón III* (2017), *Tragedias poéticas III* (2018), *Versos en el aire VIII* (2018) y *Luz de Luna IV* (2018).

ÍNDICE

Esta edición de
"LA SEDUCCIÓN DE VENUS",

de LAURA REDONDO Y MARISOL SANTIAGO,

se terminó de imprimir en Sevilla,
en abril del año MMXXV

Ondina Ediciones